LIDERAZGO

Adopta Habilidades Efectivas Como Influenciar,
Comunicar Y Tomar Decisiones

(Habilidades Para Una Mejor Toma De Decisiones,
Mejor Persuasión Y Crecimiento Personal)

Saúl Brito

Publicado Por Daniel Heath

© **Saúl Brito**

Liderazgo: Adopta Habilidades Efectivas Como Influenciar, Comunicar Y Tomar Decisiones (Habilidades Para Una Mejor Toma De Decisiones, Mejor Persuasión Y Crecimiento Personal)

ISBN 978-1-989808-28-3

Este documento está orientado a proporcionar información exacta y confiable con respecto al tema y asunto que trata. La publicación se vende con la idea de que el editor no esté obligado a prestar contabilidad, permitida oficialmente, u otros servicios cualificados. Si se necesita asesoramiento, legal o profesional, debería solicitar a una persona con experiencia en la profesión.

Desde una Declaración de Principios aceptada y aprobada tanto por un comité de la American Bar Association (el Colegio de Abogados de Estados Unidos) como por un comité de editores y asociaciones.

TABLA DE CONTENIDO

Parte 1

Introducción

Quieroagradecerte y felicitarte por descargar el libro.

Este libro contiene pasos probados y estrategias sobre cómo convertirse en un líder eficaz.

El liderazgo es una combinación de habilidades y conocimientos sobre cómo manejar a las personas para alcanzar ciertos objetivos. Algunas personas piensan que implica controlar lo que otras personas hacen. La primera lección que aprenderá de este libro es que nunca puede controlar el comportamiento de las personas si no quieren hacer lo que usted quiere. Cada persona decide lo que hará en un momento dado.

Un líder simplemente influye en las acciones de sus seguidores. Un líder hace que sus seguidores crean que lo que está haciendo es beneficioso para los demás, para la organización o para ellos mismos. Este libro le muestra qué cualidades necesita tener y qué habilidades necesita adquirir para convertirse en un líder eficaz.

Gracias de nuevo por descargar este libro, ¡espero que lo disfruten!

Capitulo 1: ¿Qué Hace un Líder?

La gente piensa que el liderazgo es una habilidad que puede aprender. No lo es. Es una combinación de características. Esta combinación crea un aura de influencia. Es una influencia del líder que hace que sus seguidores hagan lo que dicen.

Cuando pensamos en líderes, pensamos en presidentes anteriores, personas inteligentes, grandes atletas o sus entrenadores. Los líderes vienen de todas las formas y tamaños. Incluso un grupo de adolescentes tiene un líder. Lo que todos los líderes tienen en común es que las personas los siguen. Cuando hablan, la gente los escucha. Esto es lo que hace a los líderes especiales.

A veces, las personas se colocan en posiciones de liderazgo para influir en las personas que no las conocen. Un buen ejemplo es cuando un forastero es contratado para convertirse en gerente. En este tipo de situaciones, las personas se ven obligadas a escuchar al líder designado. Sin embargo, sin influencia, esa persona no será muy efectiva. Sin influencia, es solo cuestión de tiempo antes de que los miembros del grupo u organización se vayan, cambien de líder o actúen con indiferencia hacia el líder y la organización.

Cuando te colocan en una posición de liderazgo, necesitas establecer tu influencia sobre las personas que lideras en un período corto. Independientemente del tipo de título que tengas, las personas buscarán 4 factores antes de que te sigan. Asegúrate de desarrollar estas características:

Intelecto Superior

La gente quiere líderes que sean solucionadores de problemas. Cuando hablamos del intelecto superior de un líder, no nos referimos a su coeficiente intelectual ni a ninguna otra métrica utilizada por el mundo académico para medir la inteligencia. Lo más importante es su inteligencia para lidiar con las preocupaciones de la organización. El líder de un sindicato de trabajadores requiere una base de conocimientos diferente en comparación con el CEO de una empresa nueva.

Intenciones Nobles

Una organización tiene sus propios objetivos. Necesita un líder para asegurarse de que esos objetivos se cumplan en circunstancias siempre cambiantes. Si un líder tiene otros objetivos en mente, la organización no logrará cumplir sus objetivos. Un buen ejemplo de esto son las agencias gubernamentales. Estas organizaciones tienen roles específicos en mantener la sociedad habitable.

El gobierno central les proporciona fondos y personas para que puedan cumplir con sus deberes para con la sociedad. Sin embargo, si el objetivo del líder es engordar su bolso, la agencia será menos capaz de cumplir con sus deberes.

Puedes preguntar; ¿Cómo sabrían mis futuros seguidores si tengo buenas intenciones para la organización? La gente comprobará su integridad basándose en su historial y su reputación.

Reputación

Las personas que lideres también preguntarán a tu alrededor para ver qué tipo de líder eres y cómo tus seguidores pasadospiensan de ti. Tu reputación como líder afectará su primera impresión en las nuevas organizaciones.

Si tienes una mala reputación en general, puedes cambiarlo creando nuevas relaciones en la nueva organización que está a punto de liderar. Sin embargo, tomará algún tiempo antes de que pueda ganar su confianza si ya escuchó información incorrecta sobre usted.

Registro de Logros

En el entorno empresarial, los líderes se presentan al declarar sus logros. Estas declaraciones de éxito no pretenden simplemente impulsar el ego del líder. Su propósito es mostrar a los aspirantes a seguidores la experiencia de la persona que está a punto de guiarlos. Se prefiere un líder con experiencia que un novato porque los seguidores creen que uno que tiene mucha experiencia en su cinturón tiene mayores posibilidades de éxito.

Capitulo 2: Desarrollar Características de Liderazgo Interno

En el capítulo anterior, hablamos sobre las características que buscará su seguidor. Hay algunas cualidades de liderazgo que no buscarán pero que aún debe desarrollar.

Instintos de Liderazgo

Los instintos de liderazgo se refieren a su capacidad para percibir los sentimientos y la impresión que tienen sus seguidores sobre usted. Un capitán con una tripulación descontenta no durará mucho en su posición. Necesitas ser consciente de lo que está pasando en la mente de tus seguidores si quieres ser un líder exitoso. La mayoría de las veces, tus seguidores no te dirán sobre sus pensamientos y sentimientos a la cara. Hablarán de eso sin embargo, con sus compañeros seguidores.

Debes observar continuamente el comportamiento de tus seguidores. Puedes aprender sobre lo que piensa tu seguidor al ubicar a personas en las que puedes confiar. Tener un aliado en medio de tus seguidores te permitirá aprender información que tus seguidores normalmente no dirán frente a ti.

También debe mantener su comunicación con otros miembros influyentes de la comunidad. Debe crear una colección de seguidores en los que pueda confiar para proporcionarle información. Al enterarse de lo que otras personas piensan de usted, podrá ajustar su estilo de liderazgo y las acciones necesarias para crear la química del equipo.

Conexiones

También necesita buenas relaciones con personas tanto dentro como fuera de la organización que diriges. Desde fuera de tu organización, necesitaras personas que ayuden a tu equipo a acercarse a sus objetivos. Si el objetivo de tu empresa, por ejemplo, es conseguir empleados más inteligentes y talentosos, necesitará conexiones en el mundo académico que lo puedan orientar hacia sus mejores graduados. También necesitaras expertos que te brindarán consejos útiles para ayudar al equipo a alcanzar sus objetivos.

Dentro de tu organización, tendrás que desarrollar relaciones con las camarillas más pequeñas que se forman dentro. En las grandes organizaciones, no se puede esperar que todos sean amigos de todos los demás. En las grandes organizaciones, siempre hay camarillas que se forman. Cada una de estas camarillas tiene sus propios líderes informales. Ellos confían en estas personas y las escucharán cuando hablen. Necesitas crear conexiones con estas personas para poder influenciar a todos los demás. Discutiremos más sobre cómo puedes ganarte la confianza de estas personas en el siguiente capítulo.

Habilidades de Comunicación

Necesitas aprender a comunicarte efectivamente con tus seguidores. Tus ideas solo se convertirán en realidades si puedes transferirlas a tus seguidores.

Necesitas aprender cuándo hablar con tus seguidores como grupo y cuándo hablar con ellos en privado.

Muchas personas piensan que tener una línea abierta de comunicación, es lo mismo que convertirse en amigos con ellos. Hay momentos en que es ventajoso ser amigode tu seguidor y hay momentos en que necesitarás distanciarte de ellos. Como líder, debes poder tomar decisiones sin la carga emocional que genera la familiaridad con sus miembros.

Compromiso

Debes tener un compromiso con la organización que estas liderando y sus objetivos. Si el compromiso del líder hacia la meta es cuestionable, los miembros de la organización no estarán comprometidos con él.

Cuanto más tiempo lleve completar una meta, mayor debe ser el compromiso. En partes posteriores de este libro, hablaremos sobre los sacrificios que deberías estar dispuesto a hacer por la meta. Ya deberías empezar a pensar en cómo irás más allá para lograr tu objetivo. Ya deberías empezar a pensar en los sacrificios que debes hacer para alcanzar las metas y los sacrificios que pedirás a tus miembros.

Capitulo 3: La Base de tu Liderazgo - Confianza

No todos los grandes líderes son apreciados, pero todos sus seguidores confían en ellos. Cuando tomas la posición de liderazgo por primera vez, tu primer objetivo es ganarse la confianza de tus seguidores. Deben confiar en tu palabra y ser capaces de creer la información que usted les transmite. Necesitan confiar en tus decisiones. Cuando tengan fe en tus habilidades de toma de decisiones, harán lo que usted les pida, incluso cuando no estén de acuerdo con sus decisiones.

Una de las mejores maneras de ganarse la confianza de las personas que te rodean es tener una reputación de ser digno de confianza. Cuando un nuevo líder ingresa a una organización, el primer instinto de las personas en esa organización es investigar la reputación de esa persona. Buscarán noticias sobre usted y preguntarán acerca de qué tipo de persona es usted. Luego decidirán si tienes lo que se necesita para liderar su organización.

Ahora que sabes lo que harán después de ingresar a una posición de liderazgo, debes comenzar a acumular "puntos de confianza" en tu historial. Estas son algunas de las estrategias que puedes utilizar para hacer esto:

Ganar Experiencia

Por lo general, vemos que los miembros mayores de la organización asumen los principales roles de liderazgo. Se les da esta responsabilidad porque supuestamente tienen más experiencia en su industria que todos los demás. Puedes adquirir habilidades de liderazgo a una edad más temprana si buscas activamente experiencias que mejoren tus habilidades como líder.

Una de las mejores maneras de ganar experiencia es enfrentando tareas difíciles. Muchos miembros más jóvenes de una organización intentan eludir las tareas difíciles pensando que están destinados a los miembros mayores del grupo. Tú, por otro lado, deberías hacer lo contrario. Cuando recién comienzas, debes ponerte en los equipos que se ocupan de este tipo de tareas. Estos equipos suelen tener los miembros más talentosos de la organización. Puedes aprender mejor con estas personas.

Amplíe sus Conexiones con Otras Personas de Confianza.

Ser asociado con miembros confiables de la comunidad lo ayudará a mejorar su imagen. Cuando aún está desarrollando su carrera, debe hacer esfuerzos para poder establecer relaciones con este tipo de personas.

Si no lo ha hecho en el pasado y está a punto de obtener una posición de liderazgo, debe pensar en los miembros de confianza de la organización que conoce y que pueden presentarle la organización que está a punto de dirigir.

Excibir Competencia Regularmente

Si deseas ser un gran líder en el futuro, debes comenzar a mostrar competencia en el trabajo que realizas. Debes poder hacer el trabajo independientemente de los desafíos que se te presenten. Las personas competentes saben cómo resolver problemas. No permiten que grandes tareas y desafíos abrumen su mente. Saben cómo lidiar con el estrés para que puedan alcanzar sus metas sin romperse.

También debe mostrar estas características incluso cuando todavía no es un líder. Cuando se le coloca en la posición de liderazgo, sus seguidores potenciales revisarán sus logros. Si ven en su historial que usted es competente incluso cuando se enfrenta a obstáculos difíciles, pueden comenzar a confiar en sus habilidades.

Practicar un Proceso al Hacer Cambios.

Una de las partes más difíciles del trabajo del líder es conocer la dirección correcta para la organización. En las empresas, el cambio puede significar una reducción. En los equipos deportivos, el cambio puede significar que ciertos jugadores no podrán jugar. Sin embargo, los cambios son necesarios si la empresa, organización o equipo quiere mejorar su desempeño.

A los líderes generalmente se les asigna la tarea de decidir sobre los tipos de cambios que deben realizarse. Cuando se toma la decisión, también se les asigna la tarea de implementar estos cambios. Al planificar e implementar cambios, debe tener en mente el objetivo de la organización. Todos los cambios deben mejorar las posibilidades de la organización de alcanzar sus metas.

La mayoría de los cambios son obvios y no requieren mucha reflexión. Los cambios que involucran a tus seguidores son los más difíciles de planificar e implementar. Digamos que hay ciertos empleados en su empresa que no cumplen con los estándares requeridos. La solución obvia es eliminar a esos empleados y atraer a aquellos que tienen más probabilidades de obtener mejores resultados.

Aunque el plan puede sonar muy bien en papel, puede que no vaya tan bien en la implementación. Algunas de las personas que retira pueden ser muy apreciadas en la empresa y su eliminación puede afectar la moral de los demás empleados. También pueden cuestionar su propia seguridad laboral.

Por otro lado, las nuevas personas que traigas pueden no recibirse muy bien. La introducción de nuevas personas puede crear conflictos que no se explican en la etapa de planificación. Cada vez que traes nuevos miembros, siempre estás tirando los dados sobre cómo afectarán a la química del equipo.

Estos cambios pueden tener un efecto negativo en el desempeño del equipo u organización.

Los Cambios Deben Ser Bien Comunicados a los Seguidores.

Muchos líderes aficionados piensan que

pueden hacer lo que quieran en la organización que lideran. Toman decisiones sin siquiera avisar a su seguidor. Esto hace que los seguidores piensen que no son una parte importante de la organización.

No debes hacer esto cuando estás liderando. La mayoría de la gente teme a los cambios. Sin embargo, su temor tiende a ser menor si los cambios se anuncian con anticipación. Esto les da tiempo para adaptarse a los cambios. Es solo la falta de familiaridad con los cambios lo que hace que las personas lo odien. Cuando se familiaricen con los cambios que están por ocurrir, podrán esperar y planificar los desafíos.

Para hacer los cambios más soportables para tus seguidores, necesitas darles tiempo para procesarlos en sus mentes. Debes discutir tus decisiones con tus seguidores. También debe analizar cómo los cambios que implementa mejorarían las posibilidades de éxito de la organización.

Si eres un entrenador, por ejemplo, en lugar de cambiar las posiciones de tus jugadores de la nada, debes presentarles la idea primero y darles tiempo para practicar sus nuevas posiciones. De esta manera, estarán más listos cuando llegue el momento del juego.

Sepa como Ajustar sus Estilos de Comunicación.

La comunicación es su herramienta más importante para ganar confianza. Sin embargo, debe ajustar el estilo de comunicación que utilizará con cada miembro de su equipo. Algunas personas solo prefieren comunicarse si hay un propósito para ello. Cuando se reúna con este tipo de personas, debe asegurarse de que la agenda de la reunión esté trazada y de que no se pierda mucho tiempo.

Algunos tipos de miembros prefieren chatear para pasar el tiempo. Deberías pasar más tiempo hablando con estas personas. Son excelentes fuentes de información si desea conocer la moral de sus seguidores.

Se Organizado Cuando Presentas Ideas

Cuando hables con el grupo como un todo, debes demostrar que estas organizado. Debes planificar el orden en que presentas tus mensajes y siempre terminar con una nota positiva. No hay mejor momento para mostrar estas cualidades que cuando te presentas a sus colegas. En las presentaciones, los logros de las personas generalmente se mencionan primero. Debes permitir que alguien más diga esta información. Tus grandes logros siempre tienen más peso cuando vienen de otra persona. Cuando llegue el momento de hablar, debe centrarse en los objetivos de la organización y en cómo cada miembro juega un papel importante para alcanzar este objetivo.

Primero Gana la Confianza de tus Lideres de Comunidad

Como se mencionó en el capítulo anterior, en las grandes organizaciones, siempre hay subgrupos y estos subgrupos siempre tienen sus propios líderes. Las empresas, por ejemplo, se dividen en diferentes departamentos. Incluso las organizaciones sin divisiones claras también se dividen en grupos. Debes saber quiénes son los líderes en estos subgrupos.

Después de presentarte a las personas que estás a punto de dirigir, debes reunirte con los líderes de estos subgrupos y crear relaciones con ellos. Para poder ganar la confianza del resto de la organización, necesita ganarse la confianza de estas pocas personas.

Al reunirse con estas personas, debe mostrar mando y autoridad. Debe enviar el mensaje de que espera que dirijan sus subgrupos para ayudar a la organización a lograr su objetivo final.

También debes preguntar a cada uno de ellos qué esperan de ti. Al dejarles hablar, tendrá una buena idea de la impresión que tienen de usted. Algunos de los que no están contentos con tener un nuevo líder mostrarán una mala actitud hacia la reunión. Si ve indicios de esto en su reunión, puede suponer que el resto del subgrupo que la persona dirige también puede sentir lo mismo.

También debe informarles sobre lo que espera de cada uno de ellos. Esto le permite la oportunidad de mostrar a los miembros influyentes de la organización su propia autoridad.

Al hacer todo esto, debes observar cortesía y buenos modales. Incluso cuando la tensión aumenta entre los participantes, debes mantener la compostura. Esta reunión entre líderes dentro de la organización es una oportunidad para que pueda obtener una primera impresión de sus líderes entre organizaciones. Los líderes de estos subgrupos también tomarán esto como una oportunidad para aprender sobre usted. Debes tener control sobre todos los mensajes verbales y no verbales que muestres.

Capitulo 4: El Proceso de Liderazgo

Si crees que serás un excelente líder después de leer este libro, es posible que estés leyendo el libro equivocado. El liderazgo no se puede aprender en un día. Puede aprender qué cualidades deben desarrollarse, pero no podrá desarrollarlas hasta que salga al campo y pruebe sus habilidades.

Para convertirse en un líder eficaz, necesita someterse a un proceso. Debe pasar por este proceso cada vez que comience una nueva posición de liderazgo.

Construye tus Habilidades de Liderazgo

Siempre debes estar construyendo tus habilidades de liderazgo. Algunas de las habilidades básicas que necesita aprender se trataron en los capítulos anteriores. Si está comenzando, es posible que necesite mejorar sus habilidades de comunicación y su capacidad para leer a otras personas. Su objetivo como líder es asegurarse de que su equipo u organización alcance sus objetivos. Debido a esto, también debe aprender sobre los conceptos básicos de la fijación de objetivos y cómo alcanzarlos. Esto incluye habilidades sobre cómo administrar los recursos y el tiempo.

Aprender sobre los objetivos de la organización

Después de desarrollar sus habilidades de liderazgo, necesita aprender acerca de la organización para la que está trabajando y sus objetivos. Como líder, debes enfocarte en estos objetivos.

Los nuevos líderes generalmente son nombrados cuando la organización está teniendo dificultades para alcanzar sus metas. Debe revisar cómo la organización ha alcanzado estos objetivos en el pasado. Si en intentos anteriores, la organización no ha alcanzado estos objetivos, debe identificar los factores que contribuyeron al fracaso. Debe tomar nota de las áreas donde la organización se quedó corta. También debe buscar las acciones que no fueron completadas por la organización.

Si desea tener éxito a largo plazo con la organización para la que está trabajando, debe asegurarse de que sus objetivos estén en línea con los suyos. No debe tener reservas morales cuando se trata de ayudar a esa organización a alcanzar sus objetivos. Sus seguidores sabrán si no confían plenamente en su organización. Te escucharán en las palabras que uses y las señales no verbales que muestres.

Aprende sobre tus seguidores

Aparte de las cualidades discutidas en las partes anteriores del libro, su seguidor puede estar buscando cualidades adicionales en su líder ideal. Para conocer estas cualidades, debe conocer a las personas que está a punto de dirigir. Necesitas aprender qué los motiva a ser parte del equipo. También debe preguntar acerca de los líderes que siguieron en el pasado.

Cuanto más aprenda sobre las personas que dirigirá, más preparado estará para su trabajo. Cuando llegue a la organización que está a punto de dirigir, debe hablar con sus posibles seguidores. Debes tratar de saber todo lo que puedas sobre el tipo de vida que viven, sus aspiraciones y qué significa para ellos el cumplimiento de la meta. También debes tratar de aprender cuestionando qué los motiva. Esto te ayudará a conocer sus prioridades.

Aprende cómo puedes ayudar a la organización a alcanzar sus metas.

Como líder, su objetivo es guiar al equipo para alcanzar el objetivo de la organización. Si no logra alcanzar este objetivo, se le culpará por la falta. En los negocios, el objetivo suele ser aumentar las ventas. En un equipo deportivo, el objetivo suele ser convertirse en campeones de la competición.

Como líder del equipo u organización, depende de usted asegurarse de que su equipo esté capacitado y equipado para las tareas requeridas por la meta. En los negocios, esto significa que debe incorporar nuevos métodos de capacitación para mejorar las habilidades de sus empleados. También será responsable de incorporar nueva tecnología que mejorará el rendimiento de sus empleados.

Un líder también es responsable de implementar los cambios difíciles que necesita una organización. Es posible que necesite atraer nuevas personas para garantizar el éxito. También es posible que deba eliminar a ciertas personas de ciertas posiciones. No todos estarán de acuerdo con los cambios que propone, pero debe respetar estas decisiones si cree que es para el mejoramiento de la organización y si aumentará la probabilidad de éxito.

Por último, debe desarrollar el plan para acercarlo a sus objetivos. En los equipos deportivos, el entrenador es el que elabora la estrategia que utilizará el equipo. En los negocios, el CEO puede no ser el que crea los planes y las soluciones para el crecimiento, pero tiene la última palabra sobre cuáles usar.

Como líder, debe evaluar los recursos que tiene actualmente. Debe evaluar los talentos de sus seguidores para asegurarse de que cada miembro reciba las tareas correctas.

Siempre considera los factores humanos que afectan el camino hacia la meta.

Muchos líderes piensan que sus seguidores son recursos que deben administrarse y usarse de manera eficiente. Esto les permite hacer planes que exprimen la cantidad de tiempo y energía de sus empleados o seguidores. Si desea que sus seguidores tengan un buen desempeño, no debe considerar que sus seguidores son meros recursos.

Necesitas pensar en cada uno como una persona. Aparte del tiempo, la energía y las habilidades que ofrecen para la organización, también tienen sus propias aspiraciones. También están pasando por dificultades en la vida.

Al considerarlos como seres humanos en

lugar de recursos, podrá ajustar su plan para proporcionar un descanso adecuado a sus seguidores. También debe considerar que tienen mucho conocimiento que ofrecer al completar la meta.

Crea una visión de éxito y comunícala

Cuando tenga un plan claramente definido, ahora debe crear una visión de éxito. En su opinión, debería imaginar cómo sería cuando su organización o equipo haya alcanzado sus objetivos. Debes comenzar por imaginarte en relación con el éxito de la meta. Usted debe imaginar el lugar y un evento específico. Para los equipos deportivos, este evento podría ser cuando reciban el trofeo del campeonato. Para las empresas, su visión podría ser la de una empresa más grande al servicio de grandes clientes y empleados sénior que ganan grandes salarios.

Cuando tenga una idea clara de cómo se ve el éxito, debe imaginar lo que cada miembro del equipo ha logrado para contribuir a la realización de los objetivos de la organización. Debe imaginar a su seguidor con sus logros y lucir orgulloso de lo que ha logrado.

Debe crear una entrada de diario de su visión del éxito. Esta visión le permite ver lo que el futuro tiene para usted. Como líder, la idea de éxito debe ser clara para usted. Si no está seguro de cómo se ve el éxito, sus seguidores también se confundirán con lo que su organización está tratando de lograr.

Si sus objetivos para la organización tardan mucho tiempo en completarse, debe recordarse constantemente su visión del éxito. Puede volver a la entrada de diario que ha creado para poder revivir la visión en su mente.

Ahora que sabes lo que significa el éxito, debes comenzar a comunicarlo a tus seguidores. También debe incluir esta visión cuando se presente a sus seguidores. Debe recordarles a sus seguidores esta visión cada vez que enfrentan un desafío.

Debe preparar su discurso sobre la comunicación de su visión del éxito para asegurarse de que se entrega con claridad. Debe asegurarse de que se mencionan todos los subgrupos de la organización. Si está liderando un equipo pequeño, debe asegurarse de que cada miembro del grupo esté incluido en el discurso. Se sentirán especiales por ser mencionados y sabrán lo que usted espera de ellos al mismo tiempo.

Una visión de éxito da dirección a tu equipo. Si comunica su visión de manera efectiva, cada persona en su equipo u organización apuntará hacia el mismo objetivo y conocerá sus propios roles al completar el objetivo.

Capitulo 5: Recopilación de Información Sobre el Viaje

En los capítulos anteriores, discutimos que un líder apunta a ayudar a la organización a alcanzar sus metas. Lo hace utilizando los talentos y los recursos de la organización de manera eficiente.

Sin embargo, un líder no puede ser efectivo si no sabe qué hacer para alcanzar la meta de la organización. Como líder, debe conocer el mejor método para alcanzar la meta de la organización.

Aprender de los líderes del pasado

Debería aprender las formas utilizadas por sus predecesores para alcanzar la meta. Cuanto más sepa sobre el viaje, mejor equipado estará su equipo para enfrentar los desafíos. Debe reunirse con los líderes que se encontraban en su posición en el pasado. Pregúntales qué hicieron bien. Además, pregúnteles qué harían de manera diferente si estuvieran en su posición.

Si no tiene acceso a líderes anteriores, también puede leer libros y artículos sobre los viajes de personas que enfrentaron los mismos desafíos que usted. Debe tomar nota de las lecciones de liderazgo que puede usar en su propia situación.

Debes comparar los eventos del pasado con tu situación actual. Debe considerar los desafíos similares que enfrentaron los líderes anteriores. Cuando vea desafíos similares, debe tomar nota de las soluciones utilizadas por los líderes anteriores para enfrentar estos desafíos.

Escuchar la opinión de expertos

Independientemente de lo inteligente que seas, siempre habrá preguntas nuevas para ti. Si se encuentra con una pregunta de este tipo cuando planifica el objetivo de su organización, debe considerar pedir la opinión de expertos para obtener respuestas. Incluso los mejores entrenadores deportivos recurren a profesionales de acondicionamiento físico y acondicionamiento físico para mantener el cuerpo de sus atletas en forma. Incluso los mejores generales tienen analistas que les dan interpretaciones de datos. También necesita expertos que lo ayuden a tomar decisiones sobre cómo alcanzar sus metas de manera más rápida y eficiente.

Realizar un seguimiento de su progreso

Una forma de saber si su plan está funcionando es hacer un seguimiento del progreso que su equipo u organización ha logrado para alcanzar la meta. El seguimiento de su progreso le dirá si los esfuerzos de su equipo serán suficientes para alcanzar sus metas a tiempo. Si las estadísticas le dicen que su progreso es demasiado lento, podrá saber qué áreas de la organización necesitan ayuda.

Ajústate mientras aprendes.

Hay algunas realizaciones que solo aprenderá después de la etapa de planificación. Cuando encuentre tales realizaciones, debe aceptar su error rápidamente para que pueda hacer los ajustes necesarios para que pueda alcanzar sus metas. La mayoría de los líderes están muy orgullosos de abandonar los planes que han diseñado. Debe dejar de lado su orgullo y concentrarse en los ajustes que puede hacer para alcanzar sus metas.

Capítulo 6: Empoderar a tus seguidores

La mayoría de la gente piensa que el líder es el miembro superestrella de una organización. En películas y series de televisión, vemos a los líderes como el único con todo el poder y la riqueza. Si esperabas lo mismo cuando te conviertes en un líder, te espera una sorpresa.

Los mejores líderes del mundo no se centran en lo que pueden obtener de la posición. De hecho, hacerlo es contraproducente para el logro de los objetivos de la organización. Los grandes líderes empoderan a sus seguidores porque saben que el éxito radica en el desempeño colectivo de los miembros del equipo.

Aumenta la confianza de tus seguidores

El elogio de un líder es importante para sus seguidores. Puedes usar elogios bien colocados para aumentar la confianza de las personas que te rodean. Cuando uno de tus seguidores se siente deprimido, por ejemplo, puedes mejorar su estado de ánimo elogiando su trabajo. Sólo debes dar auténticos elogios. La gente sabe si estás usando elogios para manipular el comportamiento de los demás.

Dar crédito a quien le corresponda

Muchos gerentes toman crédito de los empleados. Sin embargo, cuando las cosas no van bien, es más probable que estos mismos gerentes culpen a los demás. Este tipo de líder engendra conflictos dentro de su organización. Cuando hay un conflicto, es más probable que los miembros de la organización se centren en él en lugar de las tareas que se supone que deben hacer. Como líder, debe asegurarse de que las promociones y los beneficios especiales vayan a las personas que los merecen.

Demuestra que te preocupas por tus seguidores

Muchos líderes de empresas actúan como celebridades en sus organizaciones. Tratan a sus seguidores como fangirls, saludándolos y diciendo algunas líneas practicadas. Con el tiempo, sus seguidores se resienten por la distancia que mantienen de sus seguidores.

Como líder, no debes actuar como si estuvieras por encima de tus seguidores. Puede agregar valor a las personas con las que trabaja al hablarles diariamente. Puedes comer tu almuerzo, por ejemplo, con algunas de las personas con las que trabajas. Puedes comer con un grupo diferente de personas todos los días para asegurarte de conocer y hablar con todos.

Cuando pasa a un grupo de sus seguidores en el lobby de su oficina, por ejemplo, puede saludarlos. Si tienes tiempo, ¿por qué no chatear con ellos? En las celebraciones dentro de la organización, debe conectarse con tantas personas como sea posible.

Al hacer estas acciones sociales, da la impresión de que usted es uno de ellos. Al comunicarse con ellos regularmente, también les da la oportunidad de expresar sus opiniones sobre la organización y las estrategias adoptadas para alcanzar los objetivos de la organización. Si enfrentan problemas en sus tareas específicas, también lo escucharán de primera mano. Algunos gerentes tienden a disminuir el impacto de los problemas de la organización cuando informan a sus jefes.

Rodéate de los mejores seguidores

Los puestos clave en la organización deben otorgarse a las personas que tienen más que ofrecer para completar el objetivo. En el mundo corporativo, muchos líderes se sienten intimidados cuando los miembros talentosos los rodean. Temen que la brillantez de los demás sea más brillante que la propia.

No debes permitir que tu miedo y orgullo te dominen. Al rodearse de excelentes trabajadores y pensadores, está mejorando las posibilidades de la organización de alcanzar sus objetivos. Las personas que realizan un trabajo excelente mejoran el rendimiento de las personas que los rodean. Deberías estar agradecido si hay personas en tu equipo tan brillante o incluso más brillante que tú. Deben animarte a aprender más y mejorar tus habilidades.

Enseña tus habilidades a los seguidores prometedores

Los grandes líderes se toman el tiempo para desarrollar a otros líderes. La mayoría de los gerentes tienden a ser egoístas al compartir sus conocimientos y habilidades porque temen perder sus empleos. Los grandes líderes saben que si continúan aprendiendo, su seguridad laboral nunca estará en peligro. Confían en enseñar sus habilidades a sus seguidores, quienes se muestran prometedores al ser un líder.

Por ejemplo, al elegir un asistente, debe elegir a la persona que muestra la mayoría de las cualidades de un gran líder. Entre las cualidades que aprendes en este libro, debes poner el mayor peso en la integridad por encima de todos los demás. Al hacer de ellos tu asistente o tu mano derecha, les das la oportunidad de aprender de tus actividades diarias. Debe mejorar las cualidades que ya tienen y desarrollar las habilidades y cualidades que aún pueden faltar.

Comparte tu aprendizaje con los demás

Como se mencionó en capítulos anteriores, un gran líder no deja de aprender. A medida que aprendas, debes compartir tus conocimientos con las personas que te rodean. Cuando recién comienza, debe centrarse en compartir contenido motivacional. A medida que trabaja con su equipo y comienza a conocerlos personalmente, debe atreverse a compartir información personal.

Los profesionales más prometedores buscan mentores para guiarlos en la profesión elegida. Debe elegir compartir su conocimiento con este tipo de personas. Algunas personas no aceptarán de inmediato lo que estás enseñando, pero si demuestras coherencia, es posible que aprecien algunas de las cosas que compartes con ellos.

Delegar responsabilidad

La delegación es una habilidad que todos los líderes deben aprender. Es una forma para que el líder haga uso de los talentos de las personas que lo rodean. Al delegar, un líder no solo conserva su propia energía sino que también da el mensaje a sus seguidores de que confía en ellos.

No debes confiar totalmente en las personas que te rodean en tareas importantes. Deberías tomarte el tiempo de observarlos primero. Cuando empiece a dirigir una nueva organización, debe buscar a las personas en las que puede confiar. Debe tomar nota de las habilidades de las personas para saber qué tareas puede delegarles.

También debe tomar nota de los grupos de personas que trabajan bien juntos. Las personas que forman sus propias camarillas dentro de un grupo grande ya tienen relaciones bien establecidas. Ya no tienen que conocerse antes de comenzar a trabajar. Podrías dar grandes tareas a este tipo de grupos.

También hay personas que prefieren trabajar solas. Algunas personas que prefieren trabajar solas producen una alta calidad de trabajo. Debido a sus altos estándares, ellos prefieren trabajar sin la ayuda de otros. También debe conocer los tipos de tareas que funcionan mejor para este tipo de personas.

Por último, debe identificar las tareas importantes para alcanzar los objetivos de la organización. Aquí es donde debes poner tus propios esfuerzos y atención. Debe asegurarse de que las tareas más importantes se realicen a tiempo y de la manera correcta.

Distribuir la indemnización

En el mundo de los deportes, los salarios varían entre los jugadores dependiendo de sus habilidades y desempeño previo. Los mejores jugadores del equipo generalmente obtienen el mayor recorte en el tope salarial. La mayoría de los jugadores ricos ya no se preocupan mucho por el dinero. De vez en cuando, vemos a los mejores jugadores tomando recortes salariales para que otros grandes jugadores también puedan unirse al equipo. Al hacer esto, el jugador muestra que su objetivo principal no es el dinero, sino hacer que el equipo esté mejor preparado para competir por el campeonato. Esto aumenta la moral de otros miembros del equipo. También vemos que los mejores CEOs hacen lo mismo. Durante los recortes presupuestarios, en lugar de recortar empleados, algunos directores generales prefieren recortar sus propios salarios.

Capítulo 7: Haciendo Sacrificios

Como líder, debes ser apasionado con los objetivos que se te piden. Si estos objetivos son importantes para usted, debe estar dispuesto a hacer sacrificios por ello. No puedes pedir a tus seguidores que hagan sacrificios por la causa si no estás dispuesto a hacer sacrificios por tu cuenta. Solo deberías

Indica lo que estás dispuesto a sacrificar

Los sacrificios se refieren a las cosas que renunciamos para aumentar la probabilidad y la velocidad de logro de la meta. Los sacrificios deben llevarte a dedicar más tiempo, atención y recursos para alcanzar una meta. Los sacrificios pueden sentirse difíciles a veces, pero mejoran las posibilidades del equipo de alcanzar sus metas.

Puede mostrar a las personas que lo siguen su compromiso hacia la meta haciéndoles saber qué está dispuesto a sacrificar para alcanzarla. Antes de que pueda hacerles saber, debe enumerar estos sacrificios. Debe enumerar las conveniencias que está dispuesto a dejar ir para este objetivo. También debe incluir las oportunidades que está perdiendo debido a su compromiso con este objetivo. Cuanto más importante es el objetivo, mayores deberían ser tus sacrificios.

Establece los estándares que quieres de tus seguidores

Debes exhibir el comportamiento que quieres de tus seguidores. Si quieres que tus seguidores trabajen duro, también deberías trabajar duro. Si quieres que lleguen temprano, debes ser el primero en llegar temprano. Debes mostrar consistencia si quieres que tu seguidor esté inspirado a hacer lo mismo.

Cuando pides a tus miembros que hagan sacrificios, debes estar presente con ellos. No debe dar todo el trabajo a sus seguidores mientras esté de vacaciones. Esto afectará la moral del equipo.

Sea positivo en la capacidad de su equipo

para alcanzar la meta.

Necesita mantener una actitud positiva hacia el resultado de sus planes. Debes mantener una actitud positiva tanto para ti como para tus seguidores. Los líderes son la fuente de fortaleza de sus seguidores. Cuando los líderes tienen confianza, también lo son los seguidores. Si el líder muestra dudas en su rostro, los seguidores también comienzan a dudar del proceso.

Incluso si sientes dudas hacia el plan, no debes permitir que se muestre en tu cara. Hay ocasiones en las que te sientes como para expresar tus sentimientos a través de la ira y la frustración.

Es tu propio sacrificio para el equipo mantener lo que sientes de tus seguidores. Solo debes hablar de tus verdaderos sentimientos a tus confidentes. Deben ser personas en las que confíes para que guarden tus secretos. Para sus seguidores, debe controlar las actitudes y los comportamientos que muestra para mantener su moral y su mentalidad enfocada hacia el logro de la meta.

Hazles saber a tus seguidores tus sacrificios para las organizaciones.

Cuando esté seguro de que practica lo que predica, debe comenzar a transmitir el mensaje de hacer sacrificios a sus seguidores. Debes enumerar lo que estás pidiendo de ellos. También debe explicar cómo estos sacrificios podrían ayudar al equipo a alcanzar sus metas más rápido.

Debe recordarles a sus seguidores la visión del éxito para convencerlos de que hagan sacrificios por los objetivos. También debe criar a las personas que hicieron sacrificios en el pasado para alcanzar el mismo objetivo. Si eres el entrenador de un equipo de fútbol, por ejemplo, puedes mencionar jugadores legendarios y los sacrificios que hicieron para ser grandes.

Conclusión

¡Gracias de nuevo por descargar este libro!

Espero que este libro haya podido alentarlo a mejorar sus habilidades de liderazgo.

El siguiente paso es implementar los consejos y estrategias discutidos en los capítulos de este libro. Guarde este libro para que pueda volver a las estrategias que contiene cuando le faltan instrucciones para desarrollar sus habilidades de liderazgo. Por último, debes seguir aprendiendo. Mientras continúes aprendiendo sobre cómo empoderar a las personas, las personas buscarán tus habilidades de liderazgo.

¡Gracias y buena suerte!

Parte 2

Introducción

Cada persona viene al mundo y solo tiene un corto tiempo para dejar su huella en él. Todos vienen y todos se irán en algún momento u otro. El punto es quién será recordado incluso después de que se hayan ido? ¿Quiénes son las personas de las que hablamos a pesar de que vivieron años antes de nuestro tiempo?

Tales personas son los líderes. Vinieron, vivieron y dejaron su huella. Y sus pasos son los que seguimos o aspiramos seguir al menos.

Hemos escuchado o estudiado acerca de muchos de estos líderes a lo largo de nuestras vidas. Es por quiénes fueron y por lo que hicieron. Estos líderes tenían cualidades que los distinguían de las masas. Y así fueron seguidos y lo serán durante mucho tiempo, incluso después de que se hayan ido.

Este libro electrónico trata sobre el liderazgo, los líderes y las personas que aspiran a ser tales líderes. Te contaremos qué es un verdadero líder y cómo puedes convertirte en uno si te esfuerzas por lograrlo. Hemos preparado una lista de algunos líderes cuyas vidas pueden servirte de inspiración y motivarte aún más para convertirte cuando menos en un porcentaje de las personas que estos fueron.

Algunas personas pueden pensar que estas personas simplemente nacieron como líderes y que era su destino convertirse en tal. Pero la verdad es que cada uno hace su propio destino. Estas personas trabajaron duro para convertirse en quienes ahora recordamos. Por lo tanto, si tu también te esfuerzas por lograrlo, no hay razón para que no puedas ser un líder así.

Una vez que hayas terminado con este libro, obtendrás una mejor visión del razonamiento de las mentes de estas personas. Esto te ayudará a perfeccionar tus propias cualidades para convertirte en un buen líder y dejar tu propia huella en este mundo.

Capítulo 1: ¿Qué es el liderazgo?

Al referirnos a algunas personas como líderes, solo obtenemos una idea del tipo de persona que son y el término parece adecuado para ellas. Esta vibra que estas personas emiten es su calidad de liderazgo.

Es posible que no hayas pensado lo que realmente es el liderazgo y lo que hace que estos líderes sean quienes son. Pero este libro electrónico está preparado para ayudarte a cambiar eso. Una vez que comprendas esto, estarás en camino de convertirte también en un líder.

El liderazgo no es solo una cosa, sino las diversas características y comportamientos de una persona que, en conjunto, lo convierten en un buen líder. Hay ciertos personajes en una persona que pueden ser más agresivos al expresarlos que otras personas, por lo que estos se destacan en su personalidad. Mientras que algunas personas son naturalmente así, otras pueden esforzarse para convertirse en ello.

¿Qué hace a un líder?

Primero, comprendamos lo que realmente es un líder. Cuando pensamos en un líder, hay ciertas características que asociamos con ellos. Cuando una persona tiene estas características, decimos que tiene cualidades de liderazgo.

Un líder es aquel que puede hacer lo siguiente:

☐Inspirar a los demás con su visión.

☐Motivar a las personas a trabajar para cumplir sus metas y su visión.

☐Ayudar a otros a trabajar de una manera que brinde resultados.

☐ Asistir a las personas a trabajar y adaptarse entre sí para ver que el trabajo se realiza de la mejor manera.

Los puntos dados anteriormente son solo una descripción general de cómo tendemos a clasificar a las personas en la categoría de otros.

En cualquier aspecto de la vida necesitamos hacer las cosas de una manera que brinde el mejor resultado final. Los líderes son aquellos que ayudan a guiar y asistir a otros a hacerlo de la manera más gratificante y efectiva posible.

Los líderes son personas que tienen una visión clara de lo que quieren y se esfuerzan por lograrlo utilizando los recursos disponibles para ellos. Así es como logran que otros también los sigan porque saben que se logrará con la guía de un líder.

Un líder puede ser alguien que guíe a otros en cualquier cosa. Podría ser en una organización, empresa, club, o cualquier otro grupo de personas. El punto es que una persona obtiene el puesto de liderazgo para que las cosas se controlen y supervisen mejor.

Las habilidades o el estilo de liderazgo pueden variar de persona a persona y no pueden generalizarse. Por eso, creemos que cualquiera puede ser un líder si se esfuerza por lograrlo. Se trata simplemente de perfeccionarte de una manera que sepas que te ayudará a guiar mejor a los demás.

La razón por la cual algunos líderes son tan distinguidos y reconocidos más que otros es porque su liderazgo es más efectivo. Algunos creen que los líderes nacen, mientras que otros creen estos se hacen. Nosotros creemos que puede ser ambos.

Hay tantos adjetivos diferentes asociados con los líderes, como motivador, inspirador, apasionado, carismático, etc. Hay cosas que todos pueden ser si hacen un esfuerzo consciente para lograrlo.

Pero lo único con lo que un líder tiene que nacer es con ambición. Si a una persona le falta ambición y la voluntad de trabajar duro, nunca logrará nada. Liderar personas quedará fuera de discusión y simplemente terminarás siendo un seguidor. Pero si tienes la ambición, la determinación y el impulso hacia cualquier cosa que desees en la vida, será natural que lleves a otros a ayudarte a lograrlo.

Capítulo 2: Grandes líderes de todo el mundo

Todos reconocen el valor de un gran líder. Son las personas que han hecho una diferencia en nuestro mundo y seguirán haciéndola incluso después de su tiempo.

Los grandes líderes que han hecho la diferencia más significativa en todo el mundo son respetados y siempre serán recordados. Es debido a sus habilidades y esfuerzo que pudieron lograr tantas cosas grandes, incluso cuando muchos estaban convencidos de que no podían.

Entérate de los grandes líderes que han hecho una diferencia en el mundo. La mayoría serán nombres que ya has escuchado. Pero cuanto más profundices en sus historias, más te inspirarán y motivarán. Esto te ayudará a desarrollar tales rasgos en ti mismo como un buen líder también.

A continuación se presentan algunos ejemplos de grandes líderes que han dejado su huella en la historia. También hemos mencionado a otros que están liderando el mundo en el presente para hacer un cambio que les ayudará a dejar su huella en el futuro también.

Abraham Lincoln: Este nombre es probablemente uno de los más famosos que se recita en la historia política estadounidense y también es muy conocido por todo el mundo. Vino de orígenes modestos y llegó a la cima como presidente de los EE. UU. Sus cualidades de liderazgo lo convirtieron en un excelente abogado y lo ayudaron a hacer cambios significativos durante su carrera política, como su posición contra la esclavitud.

Aung San Suu Kyi: Esta mujer ha ganado mucha fama y reconocimiento debido a su lucha por la libertad y la democracia en Birmania. Fuerte en sus creencias y convicciones, luchó por ellas e inspiró a otros a seguir su liderazgo también. Prisionera política famosa, fue puesta bajo arresto domiciliario durante años debido a su revuelta contra la dictadura en Myanmar. Felicitada con el premio nobel de la paz en 1991, es una gran líder que definitivamente merece el honor y muchos otros títulos que se le han presentado.

Benazir Bhutto: Ella es conocida como la dama de hierro de Pakistán y ha sido una de las mujeres más importantes en el escenario político del país como la única mujer primer ministro. Una líder carismática y valiente, inspiró confianza en una sociedad muy ortodoxa y se ganó el respeto en todo el mundo.

Fidel Castro: Fue un gran líder que probablemente desempeñó el papel más importante en la revolución cubana y se convirtió en el presidente y primer ministro también. Su visión dio valor a toda la nación y lo ayudó a lograr el cambio que había previsto. También es ampliamente reconocido por su trabajo contra el racismo.

Franklin D. Roosevelt: Otro presidente inmensamente popular de los estados unidos y que fue un líder sobresaliente. Ayudó al país durante la gran depresión y lo dirigió durante cuatro períodos consecutivos. Su optimismo y liderazgo ayudaron al país a salir de su peor crisis y también hizo un gran esfuerzo para establecer la posición del país en la escena del mundo.

Adolf Hitler: Sin duda, una de las peores personas en términos de humanidad, pero también uno de los más grandes líderes que el mundo haya visto jamás. Su oración y confianza poderosas lo ayudaron a ganar el control total sobre toda una nación y lo llevó a una guerra horrible. Sus habilidades de planificación y estrategia todavía son igualadas por muy pocos.

Dalai Lama: El 14^{avo} Dalai Lama es el líder vivo más antiguo en ocupar el puesto de líder espiritual y político del Tíbet. Ha pasado años tratando de liberar al Tíbet de su dominio chino y predica métodos pacíficos no violentos para su propósito. También ha sido honrado con el premio nobel y tiene el respeto de la mayoría de la población tibetana, así como el del resto del mundo.

Martin Luther King hijo: Este afroamericano ha dejado su huella en la historia estadounidense y mundial debido a su trabajo por los derechos civiles de los negros. Dirigió muchas protestas para luchar contra la segregación racial y su discurso "Tengo un sueño" es probablemente una de las palabras más famosas de todos los tiempos. Otorgado con el premio nobel de la paz, es uno de los íconos de derechos humanos más famosos del mundo.

Swami Vivekananda: Es uno de los más grandes líderes espirituales con un gran número de seguidores en todo el mundo. Su trabajo para difundir el hinduismo es una de las razones principales por las que desarrolló seguidores en países fuera de la India. Su intelecto y sus poderosas palabras hicieron que sus convicciones inspiraran a las masas a las que se dirigió durante su vida.

Subhash Chandra Bose: Es un prominente líder político y revolucionario de la India que luchó por su independencia. Su patriotismo e ideología le encontraron muchos seguidores que lucharon por el país bajo su liderazgo. Se le considera un héroe nacionalista y su poderosa oración conmovió a muchas personas, de modo que sus palabras aún son recordadas.

Napoleón Bonaparte: Otro nombre prominente en la historia mundial, fue un líder revolucionario que dio forma al futuro de Francia. Se sabe que es uno de los mejores comandantes militares que el mundo haya visto y ayudado a sacar a su país de una crisis utilizando sus reformas.

Nelson Mandela: Una de las personas africanas más famosas de todos los tiempos, su nombre siempre será contado entre los grandes líderes. Fue presidente de Sudáfrica y ha sido honrado con muchos títulos como el premio nobel de la paz, el premio de la paz Lenin, el premio internacional de la paz Gandhi, etc. Bajo su liderazgo, los africanos lucharon contra el apartheid y finalmente pusieron fin a sus luchas raciales.

Hay cientos de otras personas que tienen un lugar distintivo en la historia. Incluso encontrarás muchos líderes que están haciendo una huella en el mundo en este momento, por lo que serán recordados durante mucho tiempo en los siguientes años. Ser consciente de tales líderes te ayudará a convertirte en uno de ellos también.

Capítulo 3: ¿Cómo desarrollar tu personalidad?

Nunca es demasiado tarde para trabajar en ti mismo y para desarrollar tu personalidad de una manera mejor. Para convertirse en un líder, primero hay que trabajar en la auto actualización para que también puedan guiar a otros de manera convincente.

Desarrollarte a ti mismo es un proceso que dura toda la vida y que hay que trabajar constantemente. Cuanto más trabajes en ello, cuanto mejor te verás a ti mismo llegar a ser.

Debes darte cuenta de que tu desarrollo personal es responsabilidad tuya y esa es la mejor parte de ello. Puedes ser tan exitoso como tu quieras sin depender de los demás.

El desarrollo personal te ayudará de muchas maneras diferentes y solo afectará tu vida de manera positiva. No tendrás que depender de los demás ni dejar las cosas al azar para hacer una diferencia en tu vida.

Los siguientes pasos te ayudarán con el

desarrollo personal:

Tener confianza. Es muy importante tener confianza acerca de quién eres y lo que quieres de tu vida. Si no estás seguro, esto se interpone y tampoco inspira confianza en los demás. Motívate y anímate constantemente a ver las cosas positivas en ti.

No trates de actuar o imitar a alguien más. Sé tú mismo y expresa exactamente quién eres sin ser influenciado por otros. Cada persona tiene su propia personalidad única y solo necesitas trabajar para mejorarte a ti mismo. Eso no significa que tengas que empezar a actuar como alguien que no eres.

Trabaja en tu lenguaje corporal. La forma en que te comportas o te expresas deja un impacto en las personas que te rodean. Así que cuanto mejor lo hagas, mejor impresión dejarás. Las cosas como sentarse derecho y hacer contacto visual son más importantes de lo que te imaginas.

Date tiempo para ti mismo y piensa en quién eres realmente. La auto reflexión es muy importante y te ayudará a conocerte mejor.

Sé humilde y evita el exceso de confianza a cualquier costo. Esto te ayudará de muchas maneras y siempre deja una buena impresión en los demás. De lo contrario, tendrán una impresión negativa sobre ti y harán un esfuerzo consciente para evitarte.

Dedica más tiempo a mejorar tus fortalezas que a superar tus debilidades. Esto te ayudará a mantenerte por delante mientras tengas tiempo para superar las fallas en tu personalidad de manera lenta pero constante.

Esfuérzate constantemente para lograr más conocimientos. Podrían ser habilidades prácticas o leer más. Pero cuanto más sepas, más adelante estarás. Esto te ayudará en el trabajo y con las personas para que nunca te pierdas cuando surja algún tema nuevo en la conversación.

Está siempre abierto a conocer personas nuevas y a expandir tus contactos. Esto siempre es útil y tendrá un impacto positivo en ti, tanto personal como profesionalmente.

Admira a las personas que han demostrado ser exitosas en sus vidas. Úsalas como ejemplos y aprende cualquier cosa positiva que puedas de ellas. Ellas te inspirarán y te motivarán a hacer una diferencia en tu vida también.

Intenta mejorar tu juicio de las personas. No seas demasiado cauteloso con las personas y tampoco confíes demasiado rápido. Dale a las personas la oportunidad de probarse a sí mismas antes de juzgarlas. Los juicios rápidos a menudo son erróneos.

Se positivo y optimista. Esto te ayudará a enfrentar cualquier situación de la vida sin importar lo difícil que parezca en ese momento. Si solo tienes en cuenta que pasará y que las cosas mejorarán, será mucho más fácil lidiar con ello. Sé positivo acerca de otras personas también y esto se reflejará de vuelta en ti.

Ten una personalidad útil. No solo pienses en ti mismo y en lo que quieres. Cuando reflexionas sobre las necesidades de los demás, también harán lo mismo por ti en algún momento. Y no se trata solo de obtener algo a cambio, sino del bien de hacer algo que valga la pena para los demás.

Sal de tu zona de confort y no tengas miedo de correr riesgos. Aunque esto puede llevar tiempo, es algo en lo que realmente necesitas trabajar. Los grandes líderes no son los que temían hacer lo que se necesitaba hacer. Son personas que están dispuestas a hacer lo que sea necesario para lograr sus metas.

No seas agresivo. Sé compasivo y tranquilo al tratar con otras personas. Esto se puede hacer solo cuando aprendes a ser menos ansioso y agresivo y estás dispuesto a comprender las perspectivas de otros también.

Mientras desarrollas tu propia personalidad, también es importante pensar específicamente en los rasgos que te ayudarán a tener mejores relaciones con los demás. Este libro electrónico tiene que ver con el liderazgo y no puedes guiar a otros cuando no puedes tener una relación con ellos. Aquí es donde las habilidades interpersonales entran en enfoque. Estas son algunas cosas que te ayudarán a comprender cómo conectarte con otras personas y tener una comunicación positiva con ellas. Mejorarlas desempeña un papel importante en el desarrollo de la personalidad.

Los siguientes puntos son aquellos en los que te debes enfocar para mejorar las habilidades interpersonales que son esenciales en un líder:

Primero identifica las áreas en las que careces y cómo han impactado en tu vida. Esto te ayudará a darte cuenta de lo que necesitas para superar tales deficiencias.

Antes de reaccionar ante algo trata de ponerte en su posición. Cuando veas las cosas desde la perspectiva de la otra persona, comprenderás mejor la situación. Esto te ayudará a reaccionar de una mejor manera, en lugar de solo pensar en tu propia perspectiva sin tener en cuenta a la otra persona.

Sé justo y generoso con los demás. Si solo

piensas en ti mismo y en tus necesidades, esto tendrá un impacto negativo en tus relaciones. Esto suele ser el motivo por el que las personas tienden a fallar en algunas relaciones, independientemente de la naturaleza de las mismas. Si alguien está haciendo algo por ti, asegúrate de no estar siempre en el lado receptor, sino también de reciprocidad.

No seas introvertido ni te excluyas a ti mismo o a los demás. Necesitas mantenerte en contacto con las personas para establecer relaciones con ellos.

Intenta mejorar tu escucha y no siempre seas el que está hablando. Si no permites que la otra persona se exprese, a menudo también puede llevar a malentendidos y malos sentimientos.

No te tomes todo muy en serio. Tenga sentido del humor y tome las cosas a la ligera a veces para que los demás no se sientan demasiado presionados. Esto te convertirá en alguien encantador y placentero para trabajar.

Sé claro al comunicarte con los demás. Esto les ayudará a comprenderte mejor y lo que quieres. Tu mensaje será transmitido efectivamente sin que haya ninguna confusión.

Sé ético. Si eres digno de confianza y practicas la integridad, entonces otros también se corresponderán positivamente. Por otro lado, si no eres ético, entonces los demás tampoco tienen ninguna razón para sentirse obligados hacia ti.

Comunícate constantemente y mantente en contacto con ellos para mantener una buena relación y flujo de trabajo.

Trabaja en ser un mejor jugador del equipo. No se trata solo de mandar y criticar a otros. Colabora con ellos y compromete donde sea necesario. Elogia a los miembros de tu equipo lo suficiente como para que estén motivados a trabajar para ti.

Tener todo esto en mente definitivamente te ayudará a convertirte en alguien digno de ser seguido.

Capítulo 4: ¿Cómo ser un mejor líder?

Una vez que trabajes para mejorar en

todos los aspectos de la vida, definitivamente te convertirás en un líder al que otros puedan admirar.

Los líderes a menudo se levantan cuando se dan cuenta de que no creen en las convicciones de la otra persona que intenta guiarlos. Es allí cuando hacen un mayor esfuerzo para descubrir lo que quieren de la vida y trabajan para liderar a otros hacia su meta. Esto es a menudo lo que ha motivado a los grandes líderes que conocemos para hacer una diferencia en el mundo.

Un buen líder tiene una visión diferente a los demás. Son confiados y claros en lo que quieren y ven el panorama general. Esto les ayuda a enfocarse en la meta que desean alcanzar y a otros a alinearse con esta meta.

El liderazgo es un papel importante que lo hace una gran responsabilidad para la persona que tiene que asumirlo. Deben darse cuenta de que incluso las acciones más pequeñas hacen una gran diferencia y siempre deben tener esto en cuenta. Si bien es muy fácil criticar a quienes están debajo de ti, un líder necesita alentar e inspirar constantemente a los demás cuando lo están haciendo bien. Esto los motivará a trabajar con más esfuerzo hacia el éxito de esa meta común. No se trata solo de coerción y eso sencillamente te haría un dictador, pero no un gran líder.

Las siguientes son algunas de las cualidades asociadas con un gran líder en las que deberías enfocarte:

- [ ] Un buen oyente
- [ ] Enfocado
- [ ] Carismático
- [ ] Comprometido
- [ ] Valiente
- [ ] Apasionado
- [ ] Responsable
- [ ] Auto disciplinado
- [ ] Visionario
- [ ] Servicial
- [ ] Generoso
- [ ] Competente
- [ ] Positivo

Estos son solo algunos de los adjetivos positivos que hacen que una persona sea un mejor líder. Cuando trabajes en el desarrollo de la personalidad, debes tener esto en cuenta y tratar de mejorar en dichas áreas. Esto hará que tu liderazgo sea mucho más efectivo.

Usa los siguientes consejos para convertirte en un mejor líder:

No dependas de los demás para tu propio éxito y desarrollo. Hazte cargo de ti mismo y no seas pasivo. Las personas te seguirán automáticamente cuando sientan que estás seguro de tus metas.

Toma la iniciativa para lograr lo que quieres y no esperes a seguir a los demás. Entonces serás un seguidor que ayudará a alguien más a cumplir sus sueños mientras los tuyos permanecen inactivos. No juegues a lo seguro y adaptes a los demás. Dirígete hacia lo que quieres.

Descubre cuáles son tus fortalezas y enfócate en ellas. Si eres bueno en algo, puedes trabajar para mejorarlo. Esto te ayudará a ser un mejor líder en ese campo.

Ten una visión clara de lo que quieres y enfócate en hacer cualquier cosa para materializar esa visión en una realidad. Es allí, cuando podrás guiar a otros para que te ayuden a hacer de tu visión su meta también. Tu compromiso con tu visión te hará un gran líder.

Encuentra personas en las que puedas confiar y depender para formar parte de tu grupo. Harán una gran diferencia en hacer que tu visión sea un éxito. Las personas equivocadas pueden ser la razón por la que tengas que enfrentar el fracaso.

Intenta hacer las cosas de manera diferente y mejor. Esto dejará un gran impacto y te distinguirá de los demás.

Trabaja para mejorar tus habilidades y desarrollarlas todo el tiempo para mantenerte en la cima de tu juego. Una vez que empieces a quedarte rezagado, los demás también dudarán de tu liderazgo.

Mientras mantienes altos estándares, sé también un líder positivo y alentador. Si aprecias y animas a los demás, estarán más motivados e inspirados para seguirte. Esto hará que trabajen más duro y estén más atentos a la meta.

Si sientes que hay algo nuevo que te puede ayudar de una manera positiva para lograr lo que deseas, ve hacia ello. No tengas miedo de correr riesgos y entrar en algo nuevo.

No establezcas estándares que no puedan cumplirse y que sean demasiado para otros. Sé estricto y firme pero no duro. La crítica debe ser constructiva y no desmoralizadora. Esto solo irá en contra de ti y de tus metas. Un líder necesita tener un mejor control sobre sus emociones y no dejar que su pasión los haga excesivamente exigentes.

Los líderes deben ser optimistas y creer que pueden superar cualquier obstáculo. Si no estás convencido del resultado final que deseas, definitivamente no establecerás el tono correcto para tu esfuerzo hacia este. Si estás seguro de lo que quieres, entonces nada de lo que se interponga será un problema que no pueda superarse. Sé resistente y persevera para lograr tus metas. Renunciar en cualquier momento no es una opción.

Exprésate y confirma tus convicciones a los demás para que puedan ver claramente lo que te hace digno de ser un líder. Si reconoces y anuncias tus propias victorias, no tienes que esperar a que otros las reconozcan. Esto no sirve como alarde, sino simplemente para tomar crédito por lo que en realidad puedes hacer sin ser inútilmente modesto.

Estudia adecuadamente a los miembros de tu equipo para conocer sus fortalezas y debilidades. No todos son iguales y tendrán diferentes puntos fuertes característicos. Una vez que tengas una idea clara de ellos, puedes ayudarlos a utilizarlos en beneficio de tu propósito. No tiene sentido criticar a alguien por no ser bueno en algo cuando puede hacer otra cosa mejor. Ese es el trabajo a supervisar por el líder.

Mejorar tus habilidades de comunicación es de suma importancia. Cuanto mejor expreses lo que quieres, creas, visualices, etc., mejor lo comprenderán los demás. Si no transmites de manera clara y convincente, tu visión seguirá sin expresarse y, por lo tanto, no se cumplirá. Haz que tus habilidades de comunicación sean impactantes para que transmitan exactamente lo que deseas de una manera concisa e informativa.

No asumas que ser el líder significa que necesitas tomar todo el trabajo sobre tu propia cabeza o poner de otra manera toda la carga de trabajo sobre los demás en tu grupo. Como líder, debes supervisar que el trabajo se realice bien y también participar para hacerlo a tiempo. La delegación es importante para que no te sientas sobrecargado también.

Asumir la responsabilidad de tus acciones. Incluso si el resultado es negativo, no lo evites y asume la responsabilidad final como lo harías si fueran positivos. Ten el coraje de enfrentar lo que se te presente.

Comprueba constantemente el rendimiento. Esto debería comenzar con las autocomprobaciones para asegurarte de que estás haciendo las cosas bien antes de criticar lo que hacen los demás. Solo entonces puedes comprobar el desempeño de los miembros de tu equipo y criticar lo que están haciendo mal.

Sé un ejemplo. Cuanto mejor hagas tu trabajo y te mantengas motivado, tanto mejor te verán los demás. Esto les ayudará a ser determinados y ser más productivos también.

Una vez que hayas trabajado para desarrollarte personalmente y como líder, definitivamente verás el cambio. Este cambio será efectivo en tu vida, en tu capacidad para liderar a otros y en el éxito que tengas en alcanzar tus metas.

Conclusión

Un gran líder está convencido de su propia visión y creencias y tiene las cualidades para guiar a otros hacia ellas también. Este libro electrónico se creó con la intención de ayudarte a convertirte en un líder así.

Con todos los ejemplos de los grandes líderes que han hecho una diferencia en nuestro mundo, debes tener una idea clara de lo que constituye a un líder.

Ya tienes una mejor comprensión de qué es realmente el liderazgo y qué cualidades hacen que un líder se diferencie de los demás. Las personas de las que hemos hablado definitivamente te inspirarán a medida que trabajas para liderar a otros también.

Al utilizar toda la información y orientación para desarrollar tu personalidad, puedes trabajar para convertirte también en un gran líder. Pronto verás una diferencia en ti mismo y en la forma en que las personas te responden también.

Trabaja en ti mismo y utiliza a otros grandes líderes para motivarte a seguir sus pasos también. Habrá muchos otros que te seguirán. Conviértete en el líder que estabas destinado a ser. Tal vez en algunos años, también podrías ser usado como ejemplo de un gran líder.

También nos gustaría expresar nuestro agradecimiento por la descarga de este libro electrónico y esperamos que sea de utilidad para ti. Incluso puedes compartirlo con personas que creas que puedan usarlo también.